それは、未来への切り札！

学歴や肩書きの社会は終わりました。
これからは個性と実力で勝負する時代です。

「これが私の考えです、だからこの活動をずっと続けています。」
「私のセンスを見てください！　これまで生みだした作品です。」
「これが好きです、得意だしがんばりたいんです！」
こんなふうにプレゼンテーションして未来をひらく時代です。
ここに自分のしてきたことや夢がギュッて詰まったポートフォリオが活きます！

ポートフォリオは一人ひとり見事に違います。
それは私たちが一人ひとり輝くように違う証拠です！
この世にたった一人しかいない価値ある自分・・・

さあ、進路を成功させるためにポートフォリオを作りましょう！
ポートフォリオを大きく広げ、未来へ勝負です！

それは、きっとあなたの夢をかなえる切り札となるでしょう・・・

S.Toshie

「進路」とは

「進路」とは、卒業後の学校や仕事選びだけを指すのではありません。
ありたい「未来の自分」を描き、そこへ通じる道を指します。
進路とは、未来へ続く道そのものです。

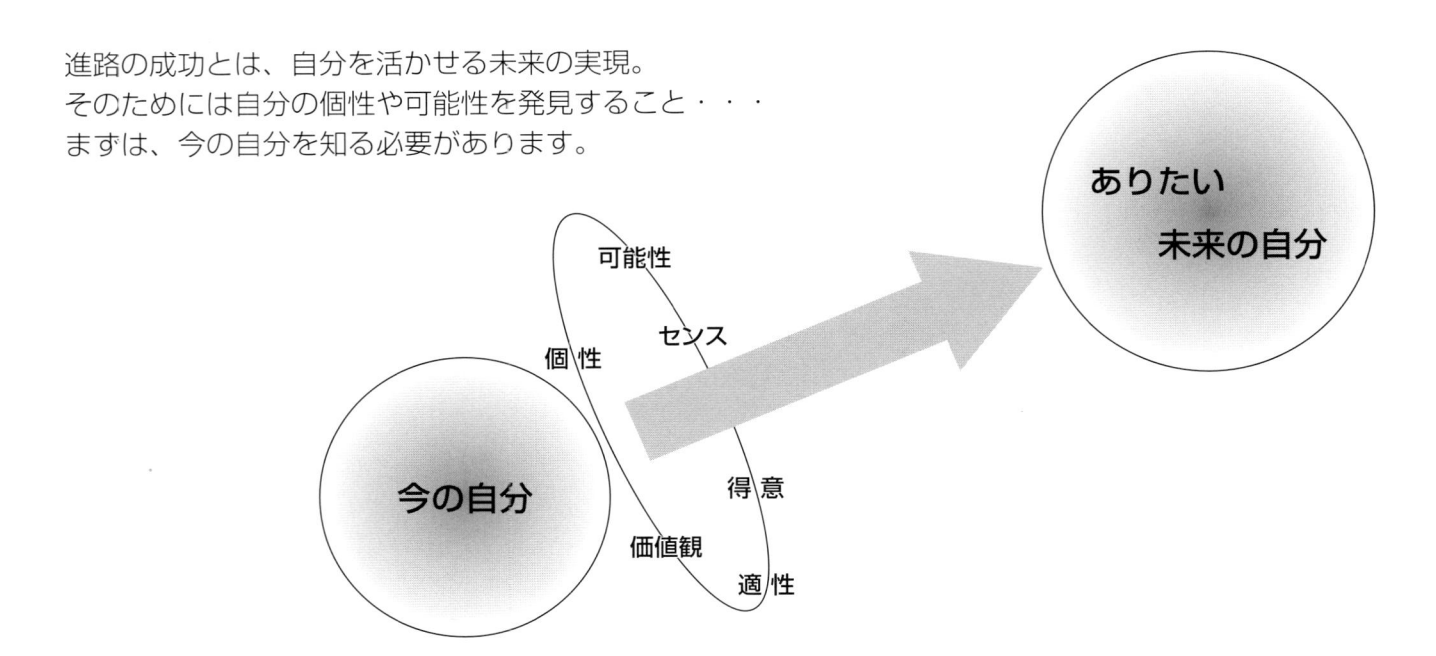

進路の成功とは、自分を活かせる未来の実現。
そのためには自分の個性や可能性を発見すること・・・
まずは、今の自分を知る必要があります。

今の自分 → 可能性／センス／個性／得意／価値観／適性 → ありたい未来の自分

どう生きたいか、まず未来の自分をイメージし、それがかなう卒業後の進路先を決めます。
そして、自分の活動や体験、得た知識などをファイルします。
それを進路に勝負するときに活かすのです。
自分の夢をかなえる切り札、それがポートフォリオです！

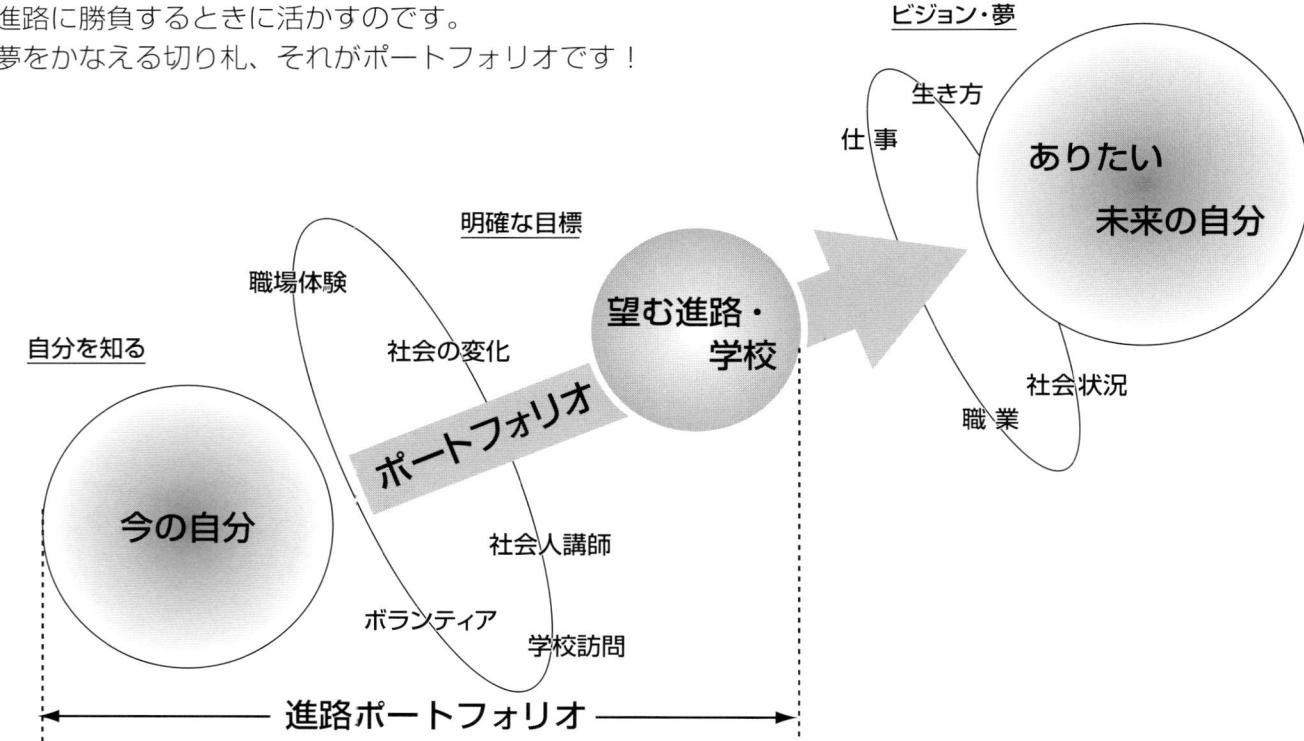

自分を知る：今の自分 → ポートフォリオ（職場体験／明確な目標／社会の変化／社会人講師／ボランティア／学校訪問）→ 望む進路・学校 → ありたい未来の自分（ビジョン・夢／生き方／仕事／社会状況／職業）

―――― 進路ポートフォリオ ――――

21世紀―進路にポートフォリオ

■ポートフォリオとは

ポートフォリオとは、辞書でひくと紙ばさみとか書類鞄を意味します。それはバラバラのものを1つに綴じるもの。建築家、写真家、デザイナーなど個性で勝負し、オリジナル性を活かして仕事をしている人たちは、自分のポートフォリオを持っています。

その人の"これまで"が詰まったポートフォリオを見ると、その人の"これから"が見えるのです。それは一枚の名刺や履歴書だけでは表せない、自分の可能性を伝える未来への切り札なのです。

■個性の時代だから…

これからの時代は学歴や成績だけでなく、人物本位です。その人がどんな個性をもっているのか、これまでに何をしてきたのか、が問われる時代です。現実に日本全国で入試制度が変化してきています。高校入試も学校推薦から自己推薦に変わり始め、就職試験の応募書類に出身大学を記入しない企業も出てきています。ポートフォリオはこの個性の時代に役立ちます。

■進路へポートフォリオで勝負する

自分を活かす進路、そこにポートフォリオがパワーを発揮します。自分の個性や得意を見出すとき、卒業後の進路を選ぶとき、そして入試や面接へ挑戦するとき、ポートフォリオがズバリ役立つのです。

進路ポートフォリオの効果

☐ 自分発見・自己肯定感……自分の個性を発見したり、自分は価値のある存在であることに気づきます。
☐ 進路や職業の選択………ポートフォリオを俯瞰すると、自分の得意やセンス、特長、能力などを発見でき、生き方や将来への夢を描くときに役立ちます。
☐ 入試や面接にズバリ役立つ…自己紹介やプレゼンテーション能力の向上になり、面接などにも自信をもって臨めるようになります。

これまでの自分に関するものや作ったもの、体験で得たものや読んだ本などが入ったポートフォリオをパラパラとめくると、自分の個性や好きなこと、得意などが見出せます。自分がどんなことをしてきたか、何を考えたかが見えてくるのです。それは、卒業後の進路でどんな学校や学科、業種や就職先を選ぶかの指針となります。

進路ポートフォリオに入れるもの

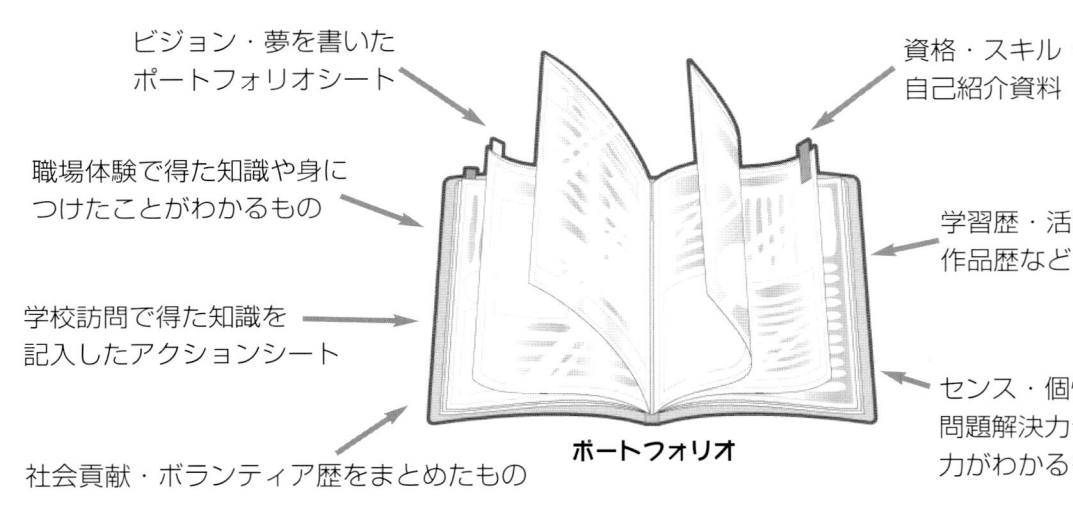

■進路ポートフォリオとは

進路ポートフォリオとは、自分のこれまでの活動や、進路や生き方を追求していく中で、手に入った情報や役立つ知識などをファイル化し、よりよい進路を成功させるものです。

大切なことは、まずポートフォリオを「自分」で満たすこと。積極的に、自分の活動がわかるものや作品や成果、読書歴、あるいは能力やセンスなどがわかるものと「進路成功ポートフォリオシート」を入れることが大事です。

（次ページ参照）

進路ポートフォリオとはこんなもの

- □ その人のよさや可能性が伝わる自己紹介ファイル
- □ 学びの成果や能力やスキルがわかりやすく綴じられた学習歴、仕事歴ファイル
- □ 個性やセンスが伝わる作品歴、活動歴、実績歴ファイル
- □ 賞状、推薦状、証明書など公的な評価も入っている経歴ファイル

ポートフォリオに入れるもの

- ビジョン・夢を書いたポートフォリオシート
- 職場体験で得た知識や身につけたことがわかるもの
- 学校訪問で得た知識を記入したアクションシート
- 社会貢献・ボランティア歴をまとめたもの
- 資格・スキル・能力がわかるもの　自己紹介資料
- 学習歴・活動歴・実績歴・読書歴・作品歴など
- センス・個性・得意が伝わるもの　問題解決力やコミュニケーション力がわかるもの

ポートフォリオ

■ファイルは…

ファイルには、2穴のファイルやバインダー式、ルーズリーフ型などいろいろありますが、ポートフォリオには「クリアポケットファイル」がお勧めです。

（P24参照）

だからクリアポケットファイルがいいのです！

- ・簡単に入れられて、出し入れしやすい！
- ・ページが袋状だから中に入れるものの大きさが違っても大丈夫！
- ・パラパラと俯瞰しやすい。（16穴・2穴だとパラパラめくりにくい！）
- ・「この先何を入れようかな」と楽しい気持ちが湧く！

ポートフォリオで進路を成功させるために

ポートフォリオで進路を成功させるために、「進路成功ポートフォリオシート」を活用することが有効です。それは、未来の自分を描いたり、体験や調べ活動などを充実させるための「ポートフォリオシート」と、主体的な行動をかなえる「アクションシート」からなります。

■ポートフォリオシート

ポートフォリオシートには、自分の将来を描くシート、学校訪問に活きるシート、また職場体験を充実させるシート、面接や自己推薦に役立つシートなどいろいろなものがあります。

★シートはどんな順番で使ってもOK！★
例えば、職場体験や学校訪問などのチャンスがきたら、シート❽やシート❿から使っても効果的です。

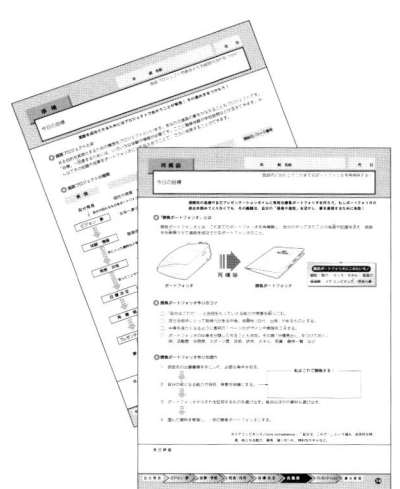

ポートフォリオシート

■アクションシート

アクションシートは子どもが主体的に考えるために効果的なシートです。それは、子どもが自らの考えで、「今日の目標」、「活動」からその「評価」までを遂行できるものです。（アクションシート…シート⓰）

アクションシートを活かすことで「やりっぱなし、行きっぱなし」になりません。一つの目的に一枚のアクションシートを使います。学校訪問をするにしろ、職場体験でどこかの事務所に行くにしろ、OBにインタビューするにしろ、必ず、アクションシートに「今日の目標」を書いてから行動をします。そして最後に目標とその日の成果を照らし合わせて自分で評価するという具合です。（アクションシートの活かし方 http://www.suzukitoshie.net/2001/7act.html）

アクションシート
→目標
→活動
→自己評価

★ポートフォリオはいつでも本人のそばに★
ポートフォリオは進路へ向かい、どんどん中身を入れていくものです。だからもちろんポートフォリオの所有者は子ども自身です。いつでも本人のそばにあるようにしましょう。

➡次ページよりシート解説が始まります。Webサイトの動画と併せてご覧ください。

ポートフォリオの目的は、夢に向かい成長し続ける自分をもつことです。
ポートフォリオ…それは、夢へチャレンジする最大の切り札です！
さあ、進路を成功させるためにポートフォリオをスタートさせましょう！

シート解説の見方

ここから授業に活かすためのシートの解説が始まります。

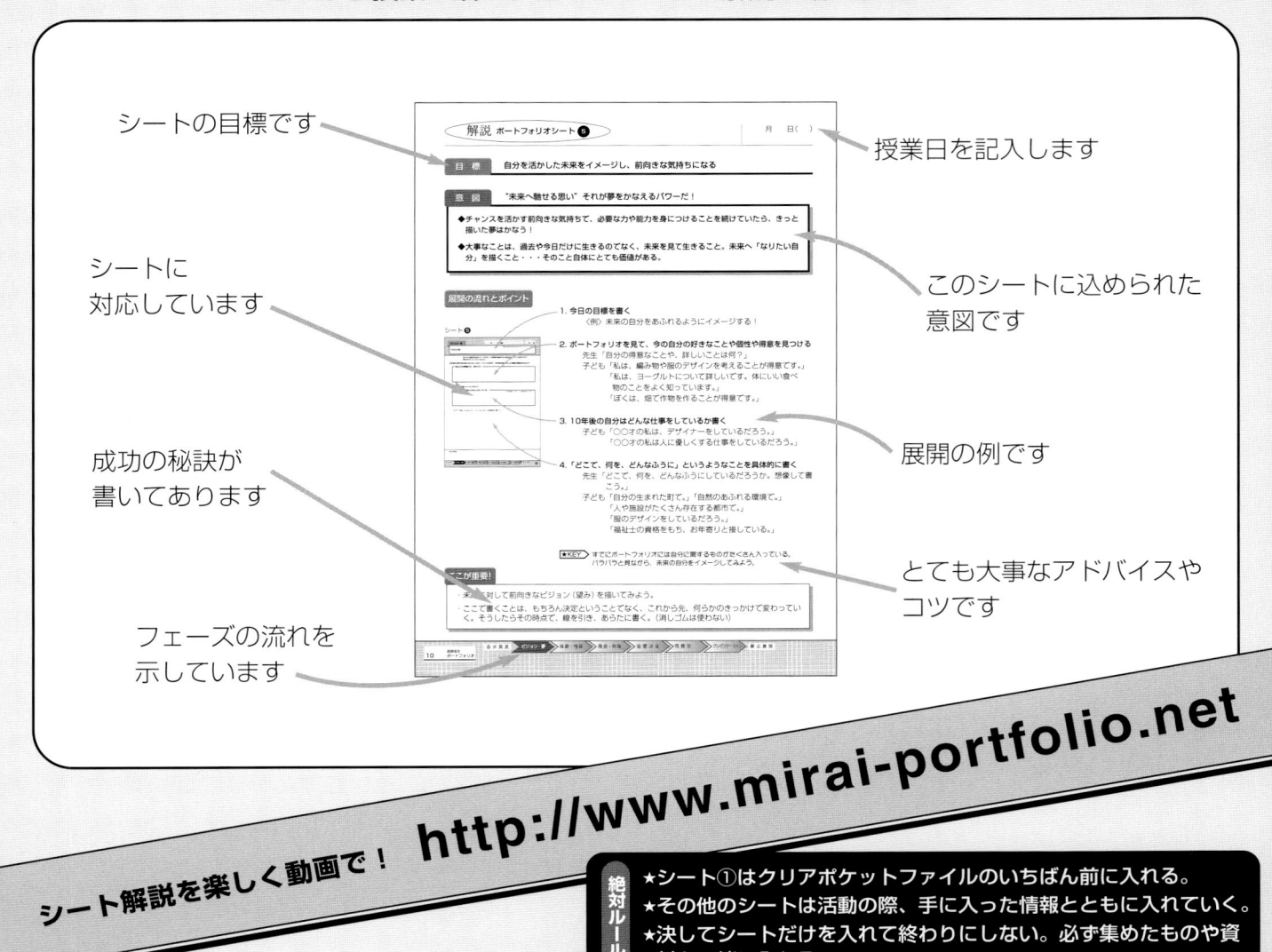

- シートの目標です
- シートに対応しています
- 成功の秘訣が書いてあります
- フェーズの流れを示しています
- 授業日を記入します
- このシートに込められた意図です
- 展開の例です
- とても大事なアドバイスやコツです

シート解説を楽しく動画で！ http://www.mirai-portfolio.net

絶対ルール
★シート①はクリアポケットファイルのいちばん前に入れる。
★その他のシートは活動の際、手に入った情報とともに入れていく。
★決してシートだけを入れて終わりにしない。必ず集めたものや資料を一緒に入れる。

解説 ポートフォリオシート❶　目標シート　　月　日（　）

シート❶

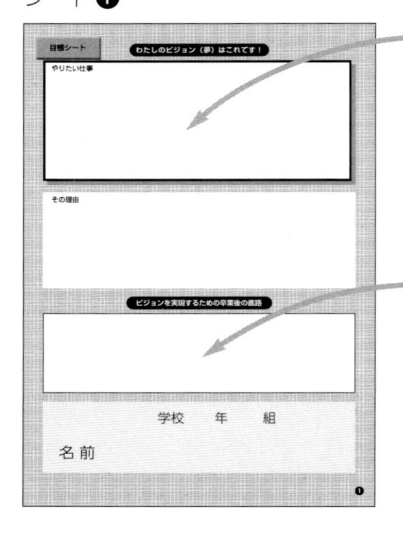

1.「やりたい仕事」を書く

「やりたい仕事」を濃いペンで書く。「○○系の仕事」、「○○を活かせる仕事」という書き方でもいい。シート❼、❾、⓭において「やりたい仕事」を考える場面がある。その際、このシート❶に書いてもいい。「やりたい仕事」が変わったときは、書いたものの上に線を引き、あらたに書く。（消しゴムは使わない）

2. ビジョンを実現するための卒業後の進路を書く

「○○系の学校」というような表現でもいい。シート⓭を書いたら、ここにあらためて書く。

★KEY　前向きに生きるためには「目標」が必要なのだ！

★KEY　いつでも見えるように濃いペンで書き、ファイルの一番前に入れる。職場体験や学校訪問のときには、必ずこの目標シートを確認してから出かけよう！

解説 ポートフォリオシート ❷

月　日（　）

目 標
進路ポートフォリオをする意義を知り、やる気になる

意 図
ポートフォリオは進路の切り札！

◆「ポートフォリオ」という言葉の意味をつかみ、ポートフォリオがこれからの時代の進路の切り札なんだということを理解する。

◆進路をかなえるときばかりでなく、自分に自信をもったり、自分のよさを知り、気持ちが前向きになったりするものとしてもポートフォリオが有効だと知る。

展開の流れとポイント

1. 今日の目標を書く
〈例〉「進路ポートフォリオ」とは何かをつかむ！
自分がこれからすることをしっかり確認する気持ちで書く。

2. ポートフォリオとは何かを知る
一人ひとり自分で「portfolio」と辞書でひき、その意味を大きくイメージでつかむ。
○ポートフォリオとは、
先生　「これから学習や職場体験などをしていくと、みなさんの手元にたくさんの資料や成果が集まります。それをバラバラにせず、このファイルに必ず入れていきましょう。すると自分の関心のあることや得意は何なのかということや成長を目で見ることができます。これが、みなさんが進路学習で使うポートフォリオです。自分をしっかり見つめることができるファイルです。」

3. 進路ポートフォリオとは何かを知る
「進路成功シート集」の表紙の裏を見よう。

4. なぜ進路ポートフォリオかをつかむ
ポートフォリオの存在を理解し、それが進路に具体的にどう役に立つのかイメージし、やる意義を実感する。

5. 自己評価を書く
「今日の目標」と「活動の成果」を照らし合わせて、自分で「評価」する。
※以下のシートも同様に授業の終わりに自己評価を書く。

ここが重要！

・日本全国の入試制度などが今変化しつつあることを、新聞記事やデータなどを子どもたちに見せて認識させ、これからの進路にポートフォリオが活きるという実感を。

・ポートフォリオを活かした自己プレゼンテーションで成功した先輩の話を聞けると効果的。

参考　http://www.mirai-portfolio.net の「ポートフォリオとは」のところをクリック！

解説 ポートフォリオシート ❸

月　日（　）

目標　進路プロジェクトの意味を知り、全体の流れをつかむ

意図　俯瞰

◆まずは、全体をつかみ、それをどう進めるのかということを子どもたちが納得してからスタートする。
　　　　　　　　　　　　　　　　　（参照：「総合的な学習／プロジェクト学習 ポートフォリオ解説書」）

◆常に「何のために何をするのか」を子ども自身が知っていることが大事。そのために全体をみんなで俯瞰し「進路成功ポートフォリオ」をする「ねらい」と「価値」をつかんでから始める。

展開の流れとポイント

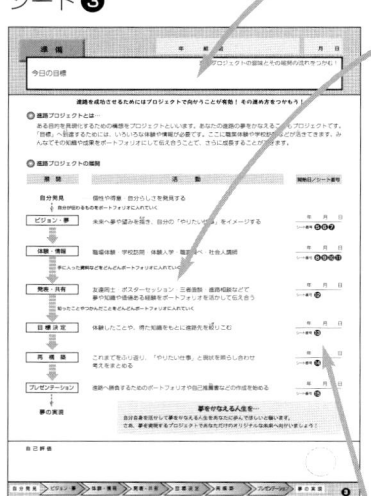

シート❸

1. 今日の目標を書く
　〈例〉進路プロジェクトの意味とその展開の流れをつかむ！

2. 進路プロジェクトの展開を理解する

　自分発見…自分の可能性を見つけよう。可能性は「得意」や「持ち味、自分らしさ（個性）」を前面に出すところからひらく。そのために自分を客観的に見ることが有効。ここにポートフォリオが活きる。
　　　　　　　　（「自分発見ポートフォリオ」をやっておくとよい。P24参照）

　ビジョン・夢…未来へ思いを馳せてみたり、世の中を見て、イキイキとしている素敵な人を見つけ、自分と重ね合わせて、近づきたいと思う。そして自分の未来へ夢を描き「やりたい仕事」をイメージする。

　体験・情報…職場体験、学校訪問などの活動やインターネットや雑誌を使っての職業調べなど。

　発表・共有…体験したことや得たことをみんなで発表し合い、他者と共有する。

　目標決定…やりたい仕事を実現するための「進路」を決める。

　再構築…決めた進路先に合わせ、これまでのポートフォリオを組み立て直し、勝負ポートフォリオを作る。

　プレゼンテーション…面接や自己推薦書・自己PRカードなどに備える。

3. 活動の開始年月日を書きこむ
　必ずしもここで決めた日にならなくとも、その期日を自分の手で記入することで全体が俯瞰でき、"立ち位置"がつかめる。

ここが重要！

・ビジョン→体験・情報→再構築→プレゼンテーション、というこの一連の流れそのものを体感し覚えておく。目的を達成するプロジェクトとはおおよそこのような流れで進むもの。
　　　　　　（「総合的な学習／プロジェクト学習 ポートフォリオ解説書」のP1参照）

・ポートフォリオは人に何かを伝えるときに役立つ。例えば、職場体験のあとなどは、そこで得たことが入ったポートフォリオを活かし、みんなで「共有」する。

自分発見 ＞ ビジョン・夢 ＞ 体験・情報 ＞ 発表・共有 ＞ 目標決定 ＞ 再構築 ＞ プレゼンテーション ＞ 夢の実現

解説 ポートフォリオシート ❹

月　日（　）

目標　自分を表現するためのポートフォリオに何を入れたらいいかイメージする
（★すでに「自分発見ポートフォリオ」をしている場合は、継続してスタートする）

意図　「これまで」を見ると「これからの可能性」が見える！

◆ポートフォリオに「これまでの自分」を入れる。それを見ることで「これからの自分の可能性」が見えてくる。人間性や自分のよさが伝わるもの、将来のイメージが豊かに湧くようなものをポートフォリオに入れる。まずは、ポートフォリオに自分に関するものを入れることが楽しいと実感させることが大事。

展開の流れとポイント

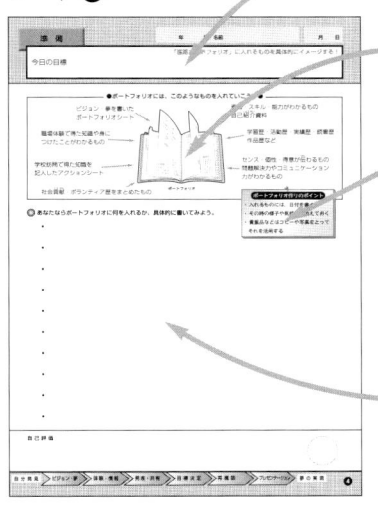

シート❹

1. 今日の目標を書く
   〈例〉進路ポートフォリオに入れるものを具体的にイメージする！

2. どんなものが入るか、イラストを見ながらイメージする

3. ポートフォリオ作りのコツをつかむ
   ・入れるものには日付を書く
   ・前から時系列に入れていく
   ・その時の様子や気持ちを添えておく
   ・賞状など貴重なものはコピーや写真などを活用する

4. どんなものをポートフォリオに入れるか、具体的に書き出してみる

ここが重要!

・とにかくポートフォリオにたくさん"自分に関するもの"が入っているようにすることが大切。
・ポートフォリオは、ある段階で終えるものでなく、日々増えていくもの。
・これから何かするとき、調べるとき、体験するとき…そのすべての活動の一つ一つに、ポートフォリオシートあるいはアクションシートのいずれかを使って、その日に手に入ったものとともにポートフォリオに入れる。（P5参照）

自分発見 ＞ ビジョン・夢 ＞ 体験・情報 ＞ 発表・共有 ＞ 目標決定 ＞ 再構築 ＞ プレゼンテーション ＞ 夢の実現

解説 ポートフォリオシート ❺

月　日（　）

目標　自分を活かした未来をイメージし、前向きな気持ちになる

意図　"未来へ馳せる思い"それが夢をかなえるパワーだ！

◆チャンスを活かす前向きな気持ちで、必要な力や能力を身につけることを続けていたら、きっと描いた夢はかなう！

◆大事なことは、過去や今日だけに生きるのでなく、未来を見て生きること。未来へ「なりたい自分」を描くこと・・・そのこと自体にとても価値がある。

展開の流れとポイント

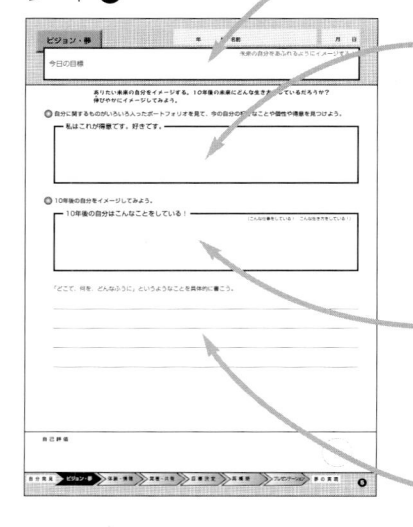

シート❺

1. 今日の目標を書く
   〈例〉未来の自分をあふれるようにイメージする！

2. ポートフォリオを見て、今の自分の好きなことや個性や得意を見つける
   先生「自分の得意なことや、詳しいことは何？」
   子ども「私は、編み物や服のデザインを考えることが得意です。」
   「私は、ヨーグルトについて詳しいです。体にいい食べ物のことをよく知っています。」
   「ぼくは、畑で作物を作ることが得意です。」

3. 10年後の自分はどんな仕事をしているか書く
   子ども「○○才の私は、デザイナーをしているだろう。」
   「○○才の私は人に優しくする仕事をしているだろう。」

4. 「どこで、何を、どんなふうに」というようなことを具体的に書く
   先生「どこで、何を、どんなふうにしているだろうか。想像して書こう。」
   子ども「自分の生まれた町で。」「自然のあふれる環境で。」
   「人や施設がたくさん存在する都市で。」
   「服のデザインをしているだろう。」
   「介護福祉士の資格をもち、お年寄りと接している。」

★KEY すでにポートフォリオには自分に関するものがたくさん入っている。それをバラバラと見ながら、未来の自分をイメージしてみよう。

ここが重要！

・未来に対して前向きなビジョン（望み）を描くことが大事！

・ここで書くことは、もちろん決定ということでなく、これから先、何らかのきっかけで変わっていく。そうしたらその時点で、線を引き、あらたに書く。（消しゴムは使わない）

自分発見 ＞ ビジョン・夢 ＞ 体験・情報 ＞ 発表・共有 ＞ 目標決定 ＞ 再構築 ＞ プレゼンテーション ＞ 夢の実現

解説 ポートフォリオシート ❻

月　日（　）

目　標　　自分を活かして生きる大人について考える

意　図　　「職業」を調べるな。その人間のしぐさ、目つき、動きを見よ！

◆「フリーター」「若年層の早期離退職」「やる気のない若者」などの問題が広がっている。しかし人は誰でも、できることなら自分をフルに活かし、イキイキとした価値ある人生を送りたいと願っている。そのために、イキイキと働いている人を見つけ、なぜイキイキとしているのかを探す。

◆いろいろな人を見て、社会や仕事に関心をもつ。その視線をもつこと自体に価値がある。

展開の流れとポイント

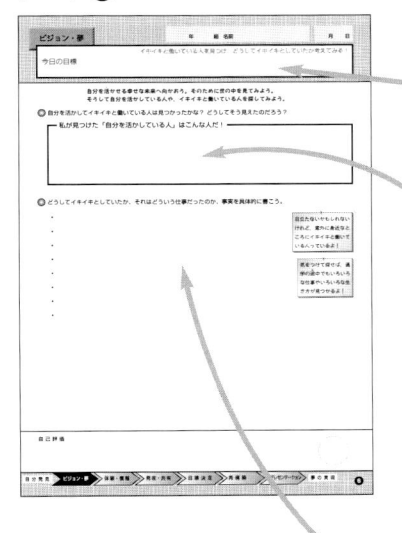

授業の予告
先生「次の時間までに、通学途中などで、注意しながら世の中を見てみよう、働いている人を見てみよう。自分を活かしている人、イキイキとしている人を実際に探し、なぜそうなのか心で観察しよう。両親や親戚など、身近なところにもいるよね。」

1. 今日の目標を書く
〈例〉イキイキと働いている人を見つけ、どうしてイキイキとしていたか考えてみる！

2.「自分を活かしている人」を見つけ、それがどんな人かを書く
自分を活かすことについて話し合う。
先生「自分を活かしている人って、自分の性格や個性を具体的にどう活かしている人なんだろう？」
子ども「優しい態度で診察してくれる獣医さん。」
「とても聞きやすい声で丁寧に話す、ラジオの女性アナウンサー ○○さん。」
「手先の器用さを活かし、手芸教室をしている隣の○○さん。」

★KEY　仕事を調べるのでなく、それをしている人を見よう。その人の真剣な顔つき、まなざしこそを見よう。そのとき「価値」ある何かを発見するだろう。

3. その人がイキイキとしていた理由を考えて書く
〈例〉「本当に動物が好きで優しくすることが好きな性格だからイキイキとしていたのではないか？　だから獣医さんになり、深夜でも対応してくれるような開業医なのではないか？」

（シート❼とあわせて授業を進める）

ここが重要!

・まずは、「自分を活かす」ってどういうことだろう？　「イキイキしている」っていったいどういうことだろう？　というようなことをクラスみんなで話し合う。
「自分を好き」「自分のよいところを前面に出している」「誇りをもっている」というような意見がきっと出る。

解説 ポートフォリオシート ❼

月　日（　）

目　標　自分を活かせる「やりたい仕事」をはっきりさせる

意　図　「仕事」とは、自分を活かし、成長させるもの！

◆「仕事」とは何か話し合う。その上で、自分が望む「仕事」を静かに前向きに考えてみる。

◆実在するロールモデル（role model）の仕事に対する前向きさ、誇りなどを意識した上で、自分のやりたい仕事をはっきりさせる。

◆これまで「仕事」や「自分の生き方」について具体的に考えたことがなかった子に「将来の目標をもちましょう。」と言っても、すぐには無理。ここに効果的なのがロールモデルの存在。あんなふうになりたいという憧れの気持ちをもつことの心理的効果はとても大きい。このシートはここに役立つ。

展開の流れとポイント

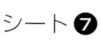

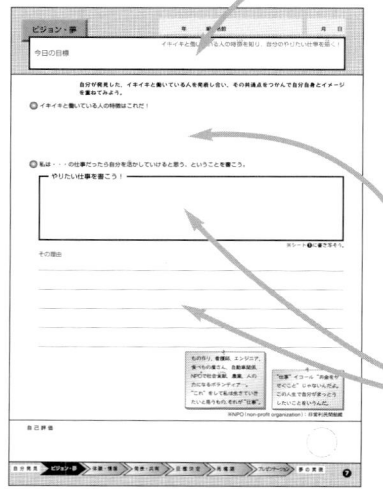

1. 今日の目標を書く
　〈例〉イキイキと働いている人の特徴を知り、自分のやりたい仕事を描く！

2. 「仕事」とは何か話し合う
　先生「仕事って何だと思う？」
　「"仕事"とは、自分を活かし、成長させるもの。人生において、自分にとって価値あるものなんだ。」

3. イキイキと働いている人の特徴を書く
　クラスで話し合い、見方を広げ、ここに書く。（次ページ参照）

4. やりたい仕事を書く
　私は○○○の仕事だったら自分を活かせるだろうという「やりたい仕事」を理由とともに書き、シート❶に書き写す。ここのところを一人ひとり発表し合っても楽しい場面となる。話し合った価値あることをアクションシートに書き、ポートフォリオに入れておく。

★KEY　仕事とは、「会社に入ること」でも「お金を稼ぐこと」でもない、人間にとって根元的なもの！

★KEY　仕事とは、社会的ミッションとも通じる崇高なもの！　社会の役に立つもの！

★KEY　まず、私たち大人が真剣に前向きに生きよう！

ここが重要！

・「自分を活かして働いている大人」を身近なところから探すということを通して、「自分を活かして生きる」とはどういうことなのか、「仕事」とは何なのか、真剣に考えるきっかけとする。

「やりたい仕事」のさがし方！

どんな「仕事」があるのか知りたければ、身近な町を見よう。商店街、車窓からの景色、道路を走る自動車のボディーに書かれた社名、新聞紙面、工事現場・・・。世の中にはたくさんの仕事があり、そこで一生懸命働いている人がいる、そして社会が成り立っている。まずここに気づこう！

このチャンスで「やりたい仕事」を見つける！

- 職場体験
- ボランティア体験
- 卒業生懇談会
- 仕事をしている人へのインタビュー
- 専門学校の文化祭や体育祭などへ行く
- 社会人講師から価値ある何かを得る
- インターネットや雑誌などでの職業調べ
- 仕事や職業に関する展示会、見本市などへ行く

★KEY 「通学途中にメモ帳を手に、仕事を10以上さがしてみよう！」といってもいい！

多面的な見方をするために！

1. 多面的に考えるために、グループになり模造紙を囲み、そこに全員のシート❼を貼る。

2. 共通しているところを赤ペンで囲んだり結んだりする。

3. 赤い印を付けたところから「自分を活かして働いている人の特徴」を話し合う。

4. グループの考えをまとめ、模造紙の上半分にマジックで書く。

5. 模造紙を活かし、グループごとに簡潔に発表し合う。

6. 発表後、各グループの模造紙を壁に貼り、全員が見渡せるようにする。

7. 全グループの発表が終わったら一人ひとり「自分を活かす」ことについて考える。

8. みんなの発表を参考にして、あらためて自分が考える「自分を活かして働いている人の特徴」を書いてみる。

9. 「私は○○だったら、自分が考えたように自分を活かしていける」と思えることをシート❼に書き出す。

みんなで話し合って考えを大きな紙に出し合い、共有する。ここで違う意見と出会い、いろいろなことに気づく。

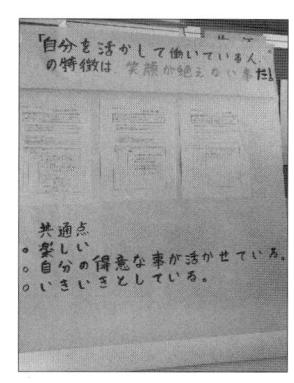

みんなが見えるように壁に貼る。

自分一人で深く考えて書く。

★KEY はじめる前に「みんなの考えを知ることって、どんな価値があるだろう？」と子どもたちに聞いてみよう。彼らの口から、みんなと話し合うことの価値やよさがきっとでてくる！

解説 ポートフォリオシート ❽

月　日（　）

目標　チャンスを活かし、必要な情報を手に入れるんだ、という"意識"をもつ！

意図　世の中を見る。生きた情報をつかめ！

◆ 職業体験や学校訪問の前、あるいは図書室で職業調べをする前に子どもたちに尋ねよう。「何のために行くの？」「何のために調べるの？」と。目的をもって向かうことが大事。そうすれば実り多き時間となる。

◆ より確かな情報を得ようとする意識を身につける。情報の価値と問題点に気づく成長の時間となり、それも大切な「生きる力」となる。

展開の流れとポイント

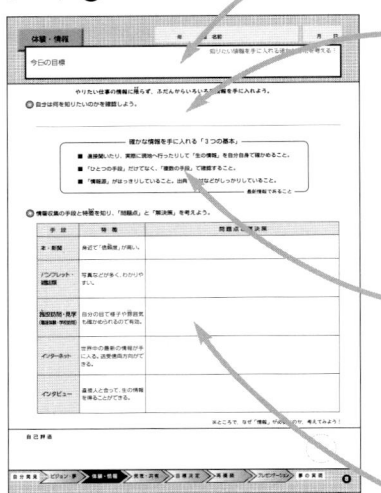

シート❽

1. **今日の目標を書く**
   〈例〉知りたい情報を手に入れる確かな方法を考える！

2. **自分が知りたいことは何なのか書く**
   先生「その情報はどこにありますか？」
   　　「限られた時間で、よい情報リサーチをするにはどうしたらいいと思いますか？」
   　　「どうすれば、相手は必要なことを気持ちよく話してくれると思いますか？」

3. **より確かな情報を得る方法を身につける**
   進路を考えるためには「情報」が必要だ。だからまずは「情報」とは何なのか、正しい情報を手に入れるにはどうしたらいいのかを考える。

4. **情報収集の手段を知り、その問題点や解決策をしっかりイメージする**
   （次ページ参照）
   シート❽に自分の考えを書いたあと、みんなで共有し、考えを深め、情報に対する力をしっかり身につける。

★KEY　職業を調べるとは、結局は人の生き方を見るということ！

ここが重要！

・本気で「意識」しないと欲しい情報は手に入らない！
・手に入れたいことは何なのか！という突きつめた決心がいる。

「生きた情報」を手に入れる秘訣

- 職業調べなどでは、インターネットや本で調べる、ということが一般的だが、それだけでは不十分。「どう生きようか」という観点で仕事や職業を考えることも大事。仕事そのものよりも、働いているときのその人の様子や行動、まなざしなどを丁寧に追うほうがずっと本質的なことが見えてくることもある！
- 情報の源は「人」である。ゆえに、教えてくれたり、対応してくれる「人」へ礼節をもち、真実の情報を手に入れる、というしっかりした意識をもつ。

○情報を手に入れる際の「問題点」と「解決策」○

	問 題 点	解 決 策
本・新聞	新聞や書籍だって事実とは限らない。	複数の本や新聞を確認しよう。
パンフレット・雑誌類	場合によっては身びいきな内容になりがち。	他の情報と比較しながら活かす。
施設訪問・見学	行ったその日だけの情報に左右されがち。建物やまわりの環境、制服など「目に見える形」に左右されがち。	行く時間帯や曜日に注意する。制服や建物で選ぶのではなく、教師や生徒の様子や笑顔、会話などにも五感を澄まそう。 （※訪問前にシート⓫を記入し、先方へ提出する。 ※訪問後にシート⓬を記入し、先方へ感謝を伝える。）
インターネット	膨大だが、「怪しい情報」と「確かな情報」が入り混じっているので注意。	なるべく公的サイトを活用しよう。
インタビュー	取材のために、直接「その人」に会うインタビューは相手の事情を把握していないと、迷惑をかけることもある。	相手に失礼のないよう気をつける。事前に質問は用意する。本やインターネットなどで、基本知識を得てから行くこと。 （※訪問前にシート⓫を記入し、先方へ提出する。）

「仕事」も「夢」も思いついたらすぐメモ！
将来やってもいいかな！っていう「仕事」も「夢」も町中にあふれている。そのためのアイデアは突然降ってくる。…だから思いついたらすぐ書けるように、メモ用紙とペンは必ず持っていよう。

たくさんの本を読もう！
職業や仕事の知識が得られる本ばかりでなく、小説などたくさんの本を読もう。さまざまな生き方が出ている伝記を読んでもいいね。テレビのドキュメント番組もお勧め。

こんな仕事もあるよ！
例えば、NPOやNGO、青年海外協力隊など、従来の仕事の範疇におさまらないグローバルな選択も意外と身近にある。

解説 ポートフォリオシート ❾

月　日（　）

目 標　やりたい仕事をするためには、いろいろ身につけたり、学んだりする必要がある！と気づく

意 図　何といっても、その仕事が"好き"ということ！

◆ 自分が望む「やりたい仕事」をするためにはどんな力がいるのか？　仮に予想される限りの必要な知識や資格や能力のすべてを備えていても、やりたい仕事ができるというものでもない。まずはその仕事が好きじゃないと始まらない。

◆「どうしても、やりたい」「本当に好き！」という前向きな心さえあれば、勉強でも何でも頑張れるもの。だからこそ「好き」という気持ちを大事にしよう！　それさえあれば、いくらでも努力できるし、いろいろなことにチャレンジできる。

展開の流れとポイント

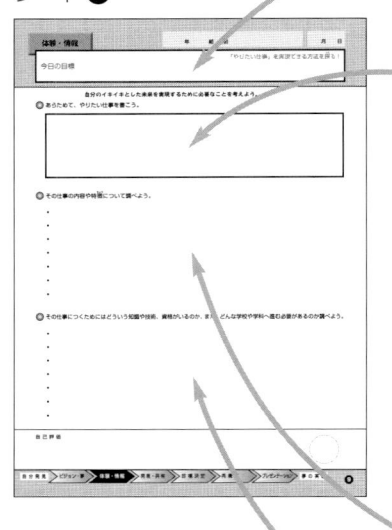

シート❾

1. 今日の目標を書く
〈例〉「やりたい仕事」を実現できる方法を探る！

2.「やりたい仕事」を書く
あらためてやりたい仕事を書き、シート❶に書き写す。そのとき、前に書いた仕事と変わっていたら、消しゴムを使わず、字の上に線を引き、新しく書き足す。

★KEY　はっきり「やりたい仕事」が書けなくてもいい。例えば「○○系の仕事」や「○○を活かせる仕事」と書いてもいい。

★KEY　とにかく空欄はなし。今は、はっきり決まっていなくても、自分のポートフォリオを見直すなどして、まずはここに記入することが大事。
記入した文字を子どもが自分で見て、「これじゃないな。」と考えるもととなる。ここにも意味がある。
書いていなければ何も始まらない。

3. やりたい仕事の内容や特徴を現実的に「自分のこと」として調べてみる

4. やりたい仕事に向けて、気持ちや行動の準備を始める
シート❽を再度読む。「知る」ためにはいろいろなアプローチの方法があるもの。いろいろな角度からその可能性を探る。

ここが重要！

・その仕事や行きたい学校についての生きた情報を手に入れることが肝心！
・情報の集め方と注意点を再確認する。（P14、15参照）

解説 ポートフォリオシート ❿

月　日(　)

目標
職場体験を実り多いものにするために、意識とマナーの準備をする

意図
社会へ出る、この体験も自己成長のチャンス

◆ 意志なき体験に成長はない。その体験は何のためにするのか？　この目的意識を自らがしっかりもつことが不可欠。この問いを胸にもって考えながら遂行するとき、それは「生きる力」となる。

◆ 「身なりを整えて行きなさい。挨拶をきちんとしなさい。遅刻をしてはダメ。」と子どもたちを注意するより、なぜそうしなければいけないのか、その意味に気づき、自ら律する方がずっと有効で賢い方法だ。教えるのではなく、自分で考えることが大事！

◆ 行く前に子どもたちと必ず話し合おう。職場体験の実りが違う！

展開の流れとポイント

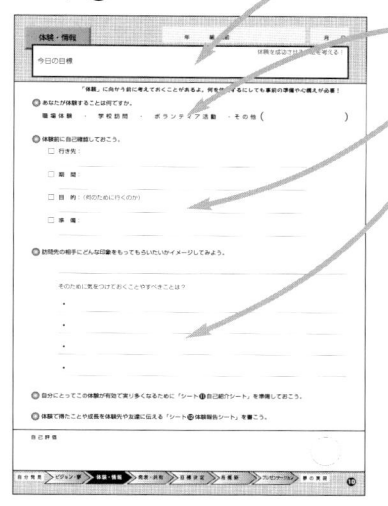

シート❿

1. **今日の目標を書く**
   〈例〉体験を成功させる方法を考える！

2. **体験することは何か○をつける**

3. **行き先や目的などを自分のものにしておく**

4. **訪問先の相手にもってもらいたい印象をイメージする**
   先生「訪問や体験を成功させるために訪問先の相手にどんな印象をもってもらいたい？」
   子ども「いい印象」「さわやかな印象」など
   先生「では、そう思ってもらうためにはどんなことをしたらいいんだろう。」
   子ども「服装をきちんとする。」「遅刻は絶対にしない。」
   　　　「敬語を身につけ、挨拶を大きな声でする。」など
   このようなことをまず一人ひとり考え、そのあとチームやクラスで共有する。

★KEY　自分たちがとるべき行動やマナーは、人に言われてするのではなく、自分自身で考える！そこに価値があるのだ。

ここが重要！

・出かける前に、子どもたちに尋ねよう。「何のために行くの？」「自分でイメージしてごらん。相手はどう思うだろう？」と。この過程にも子どもはイメージする力がつき、成長する。

・頭の中で一回シミュレーションする。ロールプレイもする。声に出したり、お辞儀をしたり、必ず全員が動作をともなって実際にやってみる。

・体験学習や学校訪問、ボランティア、発表などは、その場の行事で終わらせない。それらはすべて将来の夢や生き方などへつながるのだ。すべてをポートフォリオに入れ、未来へ向けてストーリーのように積み重ねていく…それが大事！

解説 ポートフォリオシート ⑪

月　日（　）

目標
体験前に自分の心構えをきちんと整理する

意図
相手にまず"自分"を伝える！

◆職場体験、ボランティア、学校訪問などのとき、受け入れ先が子どもたちのことをよく分からなければ、よい受け入れをすることはできない。そうならないために、この自己紹介シートを本人が書き、事前に提出する。

◆まったく目的をもたずに体験することはあってはならない。目も耳も澄まして、必ず価値ある何かをつかむんだという覚悟を子どもたちに！

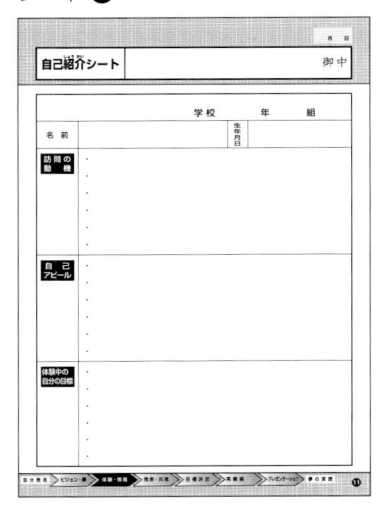

シート⑪　　　　　　　　　　　　　　　　　　　　　　　　　　　　　　　　　　〈例〉

★依頼状＋「自己紹介シート」
依頼状などを提出する際に、この「自己紹介シート」を添付する。学校と受け入れ先と子ども、三者にとって、とても効果的。

★「自己紹介シート」の効果
受け入れ側が、事前に子どもの動機や目的がわかるばかりでなく、自己アピールの欄で「ワープロは打てます」「整理整頓は得意です」などを知ることができ、それに対応した準備ができる。その子のよさを引き出せる。

★KEY　控えは自分のポートフォリオに入れておこう。

★KEY　自己PRなどを書くとき、ポートフォリオを見ながら書くといい。

職場体験五カ条！

事前に、その会社や仕事を調べて行く！
例えば設計事務所でも、住宅専門のところ、公共施設が主なところなどさまざまなので、ホームページなどで事前に情報を得てから行く。と同時に、自らの情報もできるだけ体験先に提供してから行くことによって得られるチャンスに差が出る。その時間を最大限に有意義にするために、事前の準備が大事。事前情報の入手とともに発信もすること。これがあらゆる体験を価値あるものにするコツ。

行く前にイメージしよう！
行く前に、その職場にいる自分をイメージしてみよう。もちろん一人前に働くことはできないから、掃除でも片づけでも、できることを自分で探してガンバッている自分をイメージできる？　そして自分を受け入れてくれる社長や働いている社員の人たちの気持ちをイメージしてみよう。今、時代は厳しい。その中に未成熟な自分たちが行くということがどういうことなのかを話し合ってイメージし、慎みと心構えを胸にもとう。そしてそこでできそうなことを勇気を出してやっている、前向きな自分を実現しよう！

解説 ポートフォリオシート ⓬

月　日（　）

目標
体験で得たことを発表・共有し、"体験しっぱなし"にならないようにする

意図
「成長」を報告する

◆自分がその体験で得たことを報告するときに使う。体験先へお礼の手紙と一緒に送る。

◆シート⓬の「体験報告シート」のコピーをとっておき、シート⓫の「自己紹介シート」と並べて教室の壁に貼ってみんなで情報を共有する。一定時間が過ぎたら、各自自分のポートフォリオに戻す。

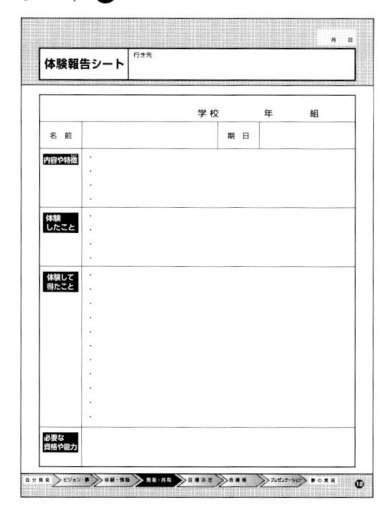

シート⓬　　　　　　　　　　　　　　　　　　　　　　　　　　　〈例〉

★シートの二つの活用法
このシートは二つの役に立つ。
一つは、体験先の方へ送る。体験先の方へ手紙とともに送り、感謝の報告をする。
もう一つは、みんなと体験を共有する。学級・学年のみんなと価値ある体験を簡潔に伝え合い、互いに知識や経験を共有して、情報の幅を広げる。

★「体験報告シート」の効果
職場体験や学校訪問などで受け入れてくれた人の願いは、そこで成長したり、何かを得てほしいということだ。シート⓬をコピーして、自分の成長を報告することで、この思いに応えることができる。

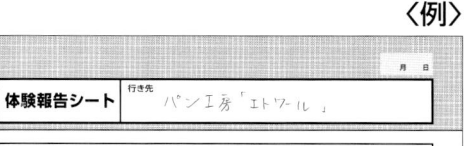

「ハイ！」という返事と紙とペン
何か言われたら、まず「ハイ！」と大きな声で返事をしよう。「おはようございます」「ありがとうございます」「さようなら」。そして顔を上げて「ハイ！」と大きな声で言える練習を本当にして、ちゃんとできるようになってから、いざ職場へ！　そして会社の人の話は、必ず「紙とペン」を持って聞こう。一回で覚えられそうでも、間違いは許されないからね。どんな小さなことでも、とにかく"書きとめる"のだ！

一回や二回の体験でその職業全体を判断しない！
人は、自分が体験したことだけや、限られた情報でついつい判断しがち。しかし自分が知ったのは、ほんの一部にすぎない。一回や二回の体験で、その職業全体を判断しない。このことを覚えておこう。

心から礼を尽くそう
お礼状は、自分自身で手書きしよう。国語の時間に「手紙の書き方」を身につけているはず。完璧でなくてもいい。学校が用意した既に刷ってある既製の文面よりずっとずっと有効。字が汚くてもいい、心が伝われば。「こんな事を得ました、成長しました」なんて書かれたら、社長さんは嬉しくて、ぜひ次の年も子どもたちを受け入れようと思うに違いない。

自分発見　ビジョン・夢　体験・情報　発表・共有　目標決定　再構築　プレゼンテーション　夢の実現

進路成功ポートフォリオ　19

解説 ポートフォリオシート ⓭

月　日（　）

目標　やりたい仕事を実現するための卒業後の進路を決定する

意図　未来を見て、すぐそばの進路を決める！

- ◆未来へ「やりたい仕事」や「こんなふうに生きたい」という「将来の夢」をもつ。
- ◆未来へ「ありたい自分」をしっかり描き、それがかなうことを信じて生きる。そのために卒業後の進路を考える。
- ◆卒業後の学校を決めることに終始せず、将来のやりたい仕事を胸におきながら進路先を決める。

展開の流れとポイント

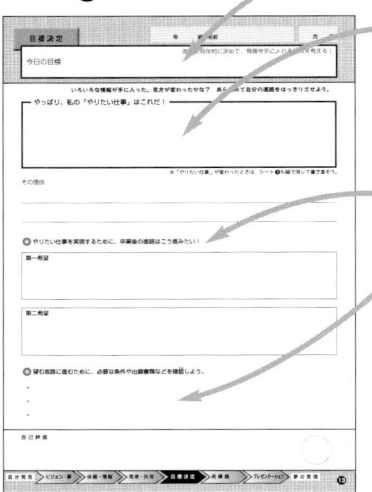

シート⓭

1. **今日の目標を書く**
   〈例〉進路を具体的に決めて、情報を手に入れる対策を考える！

2. **ポートフォリオを見ながら、あらためて「やりたい仕事」を書く**
   シート❾を見てみよう。もう一度ポートフォリオを見て、よく考えて、あらためてやりたい仕事をここに書く。変わっていたらシート❶にも書く。

3. **その将来の夢がかなうために有効な進路先を決める**

4. **そこに入るために必要な条件や書類を確認する**
   最新情報をあらためて手に入れる。

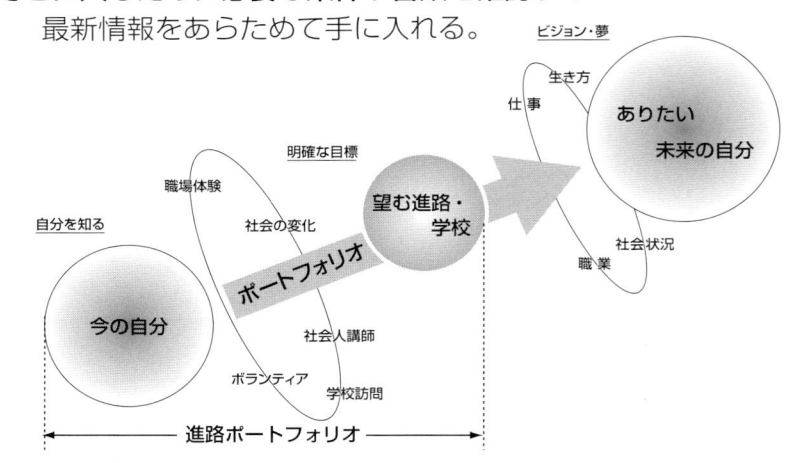

★KEY　自分が好きなこと、自分を活かすこと、これを大事にしよう。

★KEY　入ったあと、やめちゃダメ！　一度やめるとやめグセがつく。途中であきらめたら、夢は咲かないのだ。

★KEY　「とりあえず」で進路先を選ばない。

ここが重要！

・「将来の夢」をもつためには、まずは自分や世の中に対して肯定的であることがとても大事。自分や未来を信じない人が「将来の夢」を描くことはむずかしい。進路ポートフォリオは進路選択に役立つばかりでなく、自分の可能性や自己肯定感にも大きく役立つ。

解説 ポートフォリオシート ⑭

月　日（　）

目標
「勝負ポートフォリオ」を作りながら進路へ意識を集中する

意図
「勝負ポートフォリオ」で進路を成功させる！！

◆建築家やジャーナリストたちはポートフォリオで勝負して未来を開いていく。今は個性の時代。あなたも自分らしさを前面に出して確かな未来をつかむのだ！

◆面接などの自己プレゼンテーションタイムは短い。だから、よりシンプルに自分のよさや可能性を凝縮して「勝負ポートフォリオ」を作るのだ！

展開の流れとポイント

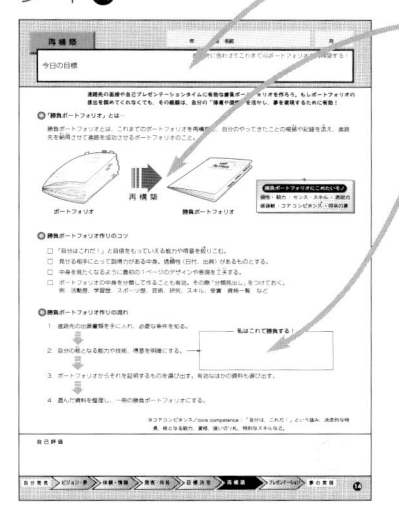

シート ⑭

1. **今日の目標を書く**
   〈例〉進路先に合わせてこれまでのポートフォリオを再構築する！

2. **勝負ポートフォリオについて、イメージをしっかりもち、作り方のコツをつかむ**

3. **勝負ポートフォリオ作りの「核」を決め、作成に取りかかる**
   〈例〉「英語」「スポーツ」「音楽の才能」など。
   これまでのポートフォリオを見て、「自分はこれで勝負する」というものに関係するところに付箋を貼る。それを相手に分かりやすく伝わるよう工夫し、新しいファイルに再構築する。
   （「総合的な学習／プロジェクト学習　ポートフォリオ解説書」のP29参照）

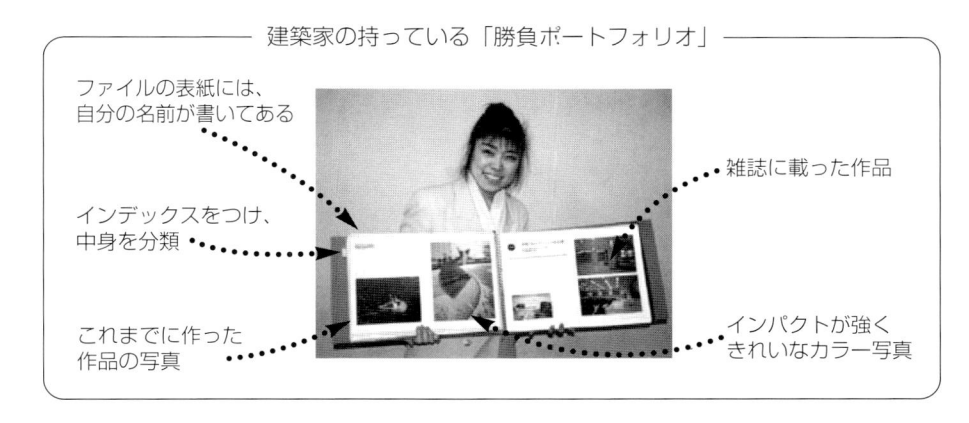

建築家の持っている「勝負ポートフォリオ」
- ファイルの表紙には、自分の名前が書いてある
- インデックスをつけ、中身を分類
- これまでに作った作品の写真
- 雑誌に載った作品
- インパクトが強くきれいなカラー写真

※準備するもの…新しいファイル・付箋・ハサミなど

★KEY　「進路成功ポートフォリオ」を成功させるためには、「自分発見ポートフォリオ」、「総合的な学習／プロジェクト学習ポートフォリオ」と、順を追ってやっていくと、とても有効。（P24参照）

ここが重要！

・まず、自分が入りたい学校や職場のビジョンや建学の精神などをインターネットなどでつかんでおく。
・自信をもって言える能力や得意を絞りこみ、具体的で説得力のある中身にする。

自分発見　ビジョン・夢　体験・情報　発表・共有　目標決定　再構築　プレゼンテーション　夢の実現

進路成功ポートフォリオ　21

解説 ポートフォリオシート ⑮

月　日（　）

目標
即座に効果的な自己推薦書などを書ける準備をしておく

意図
本物の自己PRが果たせる！

◆進路先が「自己推薦書」や「自己PRカード」の提出を求める傾向が増えている。また「面接重視」というところも多い。ポートフォリオを活かし、個性あふれる根拠ある内容を明記して自信ある自己プレゼンテーションを果たす。

展開の流れとポイント

シート⓯

1. 今日の目標を書く
　〈例〉効果的な「自己推薦書」や「自己PRカード」が書ける準備をする！

2. ポートフォリオを活かして、いつのことか、どんな内容だったかなど具体的に書いておく
　シート⓯の表は、現在提出書類として使われている「自己推薦書」や「自己PRカード」に見られる内容を抽出したものである。これを記入しておくことで、どんな入試形態にも対応可能。

★KEY　対応する「勝負ポートフォリオ」を添えてもいい。
「自己推薦書」＋「勝負ポートフォリオ」で"鬼に金棒"なのだ！

動画の解説はこちら！➡

いかがでしたでしょうか。
ポートフォリオは若者たちの未来を開くために必ず役立ちます。
ポートフォリオを活用した授業案や、
ポートフォリオを始めるための校内研修の流れなどの情報は
「自分発見ポートフォリオ解説書」のP22に
わかりやすく掲載していますので、お役立てください。

インターネットのe-ラーニングサイトでも、私が動画で詳しく説明していますよ。
さあ、あなたの学校でもぜひスタートしてください。

未来教育e-ラーニングでも完全サポート！

www.mirai-portfolio.net

鈴木敏恵が『動画』で楽しく講義！　いつでも、どこでも見ることができます。

＜意志ある学び　未来教育＞をサポートする未来教育e-ラーニングサイトです。
ポートフォリオを効果的にスタートしたい！
子どもたちの意欲が湧くプロジェクト学習をしたい！
授業でポートフォリオシートをどう使ったらいいの？
ここに応える、サイトです（無料）。

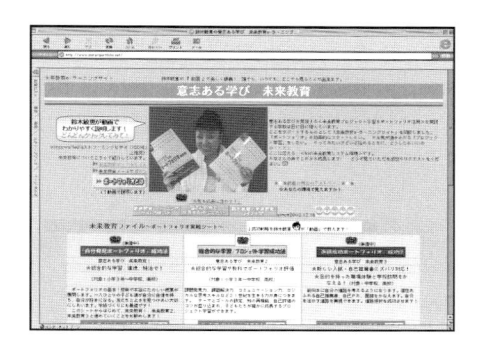

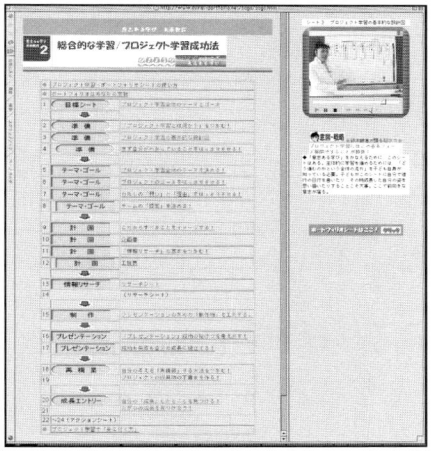

サイトは随時更新されます。

■未来教育e-ラーニングサイトとは…

未来教育e-ラーニングサイトとは、学校のブロードバンド化に対応し、鈴木敏恵と日本全国の先生方からなる未来教育e-プロジェクトが立ち上げた教育界初の動画講義をフルに活かしたサイトです。プロジェクト学習とポートフォリオ評価を授業でどう実践するかがわかります。総合的な学習や教科、進路などで実践するための戦略的手法を、鈴木敏恵が楽しくビデオコンテンツで解説します。

■未来教育プラットフォーム

＜意志ある学び　未来教育＞は子どもたちがもっている「やる気」「イメージする力」「問題解決力」など「21世紀を生きる力」を確かに引き出します。プロジェクト学習とポートフォリオを両輪とする未来教育は、どんな「題材・領域」にも対応できる普遍的なプラットフォームとなっています。

■コンテンツは…

未来教育ポートフォリオシート集1～3に対応しています。
子どもが確かに成長するコツが満載です！
1『自分発見ポートフォリオ』
2『総合的な学習/プロジェクト学習　ポートフォリオ』
3『進路成功ポートフォリオ』
の解説や使い方です。

鈴木敏恵　設計・プロデュース

意志ある学び 未来教育ポートフォリオシリーズ
子どもが元気が出るビビッドなカラーでラインナップ！

＜意志ある学び 未来教育＞1、2、3と段階的に活用して進めていくことをお勧めします！
　未来教育1『自分発見ポートフォリオ』で自分の個性を発見して自信をもち、未来教育2『総合的な学習/プロジェクト学習ポートフォリオ』ではプロジェクト学習を体験することで、自分で考える力と意欲をもって目標に向かう力をつけます。そして未来教育3『進路成功ポートフォリオ』では、これまでに身につけた力や個性を活かして自分の望む進路をかなえます。

児童・生徒用 240円（税込） 　　教師用 630円（税込）

意志ある学び 未来教育1
『自分発見ポートフォリオ』シート集
★ 総合的な学習、道徳、特活で！

ポートフォリオの基本！　簡単で本当に楽しい授業が展開します。子どもたち一人ひとりが自分に自信をもち、自分が好きになる。友達とよさを見つけ合い大切にし合います。意欲や前向きな心を育みます。学級づくりにも最適です！

児童・生徒用 240円（税込） 　　教師用 630円（税込）

意志ある学び 未来教育2
『総合的な学習/プロジェクト学習ポートフォリオ』シート集
★ 総合的な学習や教科でポートフォリオ評価！

課題発見力、課題解決力、コミュニケーション力、ロジカルな思考スキルなど21世紀を生きる力が身につきます。テーマとゴールの設定、知の再構築、自己評価のコツが盛り込まれ、子どもたちが確かに成長するプロジェクト学習ができます。

児童・生徒用 240円（税込） 　　教師用 630円（税込）

意志ある学び 未来教育3
『進路成功ポートフォリオ』シート集
★ 新しい入試・自己推薦書にズバリ対応！
★ 目的意識をもった職場体験と学校訪問をかなえる！

前向きに自分の進路を考えるようになります。個性あふれる自己推薦書、自己PR、面接をかなえます。自分を活かす進路を実現できます。進路選択を成功させます！

未来教育ロゴ入り　　各150円（税別）

オリジナル
クリアポケットファイル30 （ブルー・グリーン・オレンジ）
30ポケット　はがれにくい背シールつき

● ハリのある素材で、子どもが簡単に出し入れできます！
● 透明感があり、中に入れたものが見やすい30ポケット！
● パラパラとめくって俯瞰しやすく、ポートフォリオに最適！
● 元気の出るビビッドなカラーで3色。素材は環境にも配慮！